Marianne Merz

Bildbetrachtung 2

mit Schülerarbeiten

Unterrichtshilfen für Bildende Kunst

ALS VERLAG

Impressum

Herausgeber: Kreide, Dietzenbach
Idee und Gesamtkonzept: Marianne Merz, Mannheim
Satz, Repro und Druck: ALS-Verlag GmbH, Dietzenbach
Bestell-Nr. 29.715 – ALS-Studio-Reihe 715
ISBN 987-3-921366-69-1

Bibliografische Information der Deutschen Nationalbibliothek
Die Deutsche Nationalbibliothek verzeichnet diese Publikation in der Deutschen Nationalbibliografie; detaillierte bibliografische Daten sind im Internet über <http://dnb.d-nb.de> abrufbar.

Allgemeiner Lehrer-Service
ALS-Verlag GmbH
Postfach 14 40
63114 Dietzenbach

Tel.: 0 60 74/82 16-0
Fax: 0 60 74/82 16-75
E-Mail: info@als-verlag.de
www.als-verlag.de

Einleitung

Esther Vilar behauptet, zur Intelligenz gehöre ein „groß' Maß" an Fantasie und Sensibilität. Ich glaube, wenn die Menschen beides hätten, ginge es friedlicher auf unserer Weltkugel zu!

Kreativität und **Sensibilität** stehen für diesen zweiten Band der Bildbetrachtung als **Lernziel** immer im Vordergrund. Ebenso die Ziele 1 bis 7 aus Bildbetrachtung 1 (siehe auch dort):
- Stummes Betrachten (jeder für sich)
- Wecken der Freude am bildhaften Gestalten
- Fördern der Urteilskraft und Toleranz und der Fähigkeit zu formulieren
- Hinführen zum bewussten Wahrnehmen
- Fördern des logischen Denkens
- Erkennen einfacher bildnerischer Probleme und Zusammenhänge
- Kennenlernen verschiedener Techniken
- Kennenlernen einiger Künstler, einiger biografischer Daten und einiger Kunstwerke
- Geschichte einiger Kunstwerke

Die meisten dieser Ziele werden bei den einzelnen Aufgaben nicht mehr wiederholt.

Der vielleicht etwas stereotyp scheinende Beginn der Bildbetrachtung: **„Stummes Betrachten"** ist für die Bildung einer eigenen Meinung für die Schüler sehr wichtig. Man sollte auch immer viele Deutungen und Möglichkeiten gelten lassen, sodass bei der freien Aussprache jeder sagen kann und darf, was ihm zu dem Bild eingefallen ist. Neben der Entwicklung von Fantasie bei der Betrachtung ist das Verbalisieren und das Lernen, wie man sich ausdrückt, gleichermaßen wichtig.

Die Klassenstufen für die einzelnen Aufgaben sind abhängig vom Ausbildungsstand der Klasse. Die Angaben über die Klassenstufen bei den Schülerarbeiten beziehen sich auf die Klasse, in der die Arbeit entstanden ist.

Die **Unterrichtsentwürfe** sind Kurzentwürfe, die über einen längeren Zeitraum hin entwickelt und allesamt erfolgreich in der schulischen Praxis erprobt sind. Sie sind als Vorschläge gedacht. Selbstverständlich sind auch andere Ausführungen möglich.

Die Texte zu den Bildbetrachtungen können aus Platzgründen keine Vollständigkeit beanspruchen. Sie sind nicht zum Vorlesen gedacht, sondern für den Lehrer zur Kurzinformation. Sie können in diesem Sinne auch als Manuskript während des Unterrichts verwendet werden. Sie sollen durch weitergehende Lektüre ergänzt werden.

Bei den Bildbetrachtungen sind an manchen Stellen die Künstler mit **Originalzitaten** erwähnt. Diese Zitate sind durch Anführungszeichen entsprechend gekennzeichnet.

Die **Bildbetrachtungen** können neben der Verwendung in der Grundschule auch in der Haupt- und Realschule sowie im außerschulischen Bereich, z. B. in der Erwachsenenbildung und zum Selbstunterricht, verwendet werden.

Bei der **Aufgabe 1a** sollen einige **Assoziationen** zu den Zeichenreihen von Wassily Kandinsky gefunden werden. Vielleicht kann man diese Vorgehensweise zur Findung und Bildung von Assoziationen als eine Art von Vergewaltigung der Kunst empfinden. Durch erfolgreiche Erprobung in der Praxis gestützt bin ich jedoch der Meinung, dass dieses Vorgehen eine gute Möglichkeit ist, Schüler an die Bearbeitung einer abstrakten Arbeit heranzuführen.

Bei den **Aufgaben 4a, 7b und 8b** wird Deckweiß verwendet. Deckweiß wird sehr häufig und in vergleichsweise großen Mengen verbraucht, denn man muss beim Malen genügend davon zur Verfügung haben, sonst macht es keinen Spaß. In den kleinen Tuben, die man im Handel erhält, ist es sehr teuer. Abtön- oder Dispersionsfarben trocknen wasserunlöslich an und verderben die Farbkästen. Man kann sie deshalb nicht verwenden. Bewährt hat sich als Deckweiß die im nachfolgenden **Rezept für Deckweiß** angegebene Mischung, die preiswert ist und sehr leicht selbst hergestellt werden kann.

Material:
1 Paket (125 g) Farbenleim (Metylan)
1 kg Titanweiß (Pulver)
2 l Wasser

Die Zutaten werden in einem verschließbaren Plastikeimer angerührt. Die Mischung hält sich lange. Sie kann u. U. weiter verdünnt werden.

Zu den **Aufgaben 3a und 3b** gehört die **Legende von Christophorus**. Sie lautet wie folgt: „Christophorus, stark und eigenwillig, wollte nur dem mächtigsten König dienen. So war er dem Teufel dienstbar, bis er merkte, dass dieser jedem Kreuz aus dem Wege ging, weil seine Macht dort zu Ende war. Nun suchte er den Gekreuzigten, Christus, der mächtiger als der Teufel sein musste. Er traf an einem wilden Fluss einen Einsiedler. Dieser meinte ‚Beten und Fasten' sei der Weg zu Christus. Das war nicht das, was Christophorus wollte. Da sprach der weise Einsiedler: ‚Du bist groß und stark, setze dich an den Fluss und trage die Menschen hinüber, so wirst du Christus, dem König, gar genehm sein, dem du zu dienen begehrest. Und ich hoffe, dass er sich dir daselbst wird offenbaren.' Und so geschah es. Eines Tages rief ihn ein Kind, bat ihn sehr, dass er es hinübertrage. Und als Christophorus das Kind auf der Schulter hatte und mit ihm durch den Fluss ging, wurde es schwer und schwerer und das Wasser stieg höher und höher und er hatte große Angst, sie müssten ertrinken. Als er das Kind am anderen Ufer absetzte, sprach es: ‚Du sollst dich nicht wundern, du hast nicht nur die ganze Welt getragen, sondern auch den, der die Welt geschaffen hat. Denn wisse, ich bin Christus, dein König, dem du mit dieser Arbeit dienst. Und damit du siehst, dass ich die Wahrheit rede, so nimm deinen Stab und stecke ihn in die Erde.' Am anderen Morgen trug der Stab Blätter und Früchte."

Bei den **Aufgaben 1a, 2a, 4b und 8a** wird der **„Blaue Reiter"** erwähnt. Der Blaue Reiter war eine Künstlergemeinschaft, die 1911 in München von Wassily Kandinsky und Franz Marc gegründet wurde. Sie hatte das Ziel, „die bisherigen Grenzen des künstlerischen Ausdrucksvermögens zu erweitern". Außerdem organisierte der Blaue Reiter Ausstellungen, die große Beachtung fanden. Der Name, der zu einem Begriff wurde, leitete sich von dem Titel eines 1903 von Kandinsky gemalten Bildes ab. Beide, Kandinsky und Marc, mochten die Farbe Blau, beide liebten Pferde. Kandinsky schreibt in seinem Buch „Über das Geistige in der Kunst": „Die Farbe Blau ruft, je tiefer sie wird, den Menschen ins Unendliche und weckt in ihm die Sehnsucht nach Reinem und schließlich nach Übersinnlichem". Er war der Auffassung, dass die Farbe ein Mittel ist, direkten Einfluss auf die Seele auszuüben. So wird verständlich, dass die Farbe zum wichtigsten Ausdrucksmittel in der Kunst des Blauen Reiters wird. Die wichtigsten Mitglieder waren, außer Kandinsky und Marc, Paul Klee, Gabriele Münter, August Macke und Alfred Kubin. In enger Verbindung standen Marianne von Werefkin, Alexej von Jawlensky, Heinrich Campendonk und Arnold Schönberg, der Begründer der Zwölftonmusik. Von der Gruppe gingen entscheidende, bis heute wirksame Impulse aus. Mit Beginn des ersten Weltkrieges zerfiel der Kreis.

Mit einem Wort von August Macke möchte ich diese Einleitung schließen: „Die Sinne sind uns Brücke vom Unfassbaren zum Fassbaren". Ich wünsche allen Lehrern, Lesern, Betrachtern, Freunden der Kunst und auch allen Schülern viel Freude bei den Bildbetrachtungen und beim Arbeiten unter dem Eindruck der großen Vorbilder. Vor allem wünsche ich allen Kreativität und Sensibilität.

Mannheim, im August 2011

Inhaltsverzeichnis

Aufgabe 1a „Zeichenreihen" oder „Indian Story" von Wassily Kandinsky

Lernziele

- Stummes Betrachten, freies Äußern, Beschreiben des Bildes
- Assoziationen zu den Zeichen finden
- Erfinden einer Geschichte zu den Zeichen
- Kennenlernen des Malers Wassily Kandinsky, einiger Lebensdaten und einiger anderer Werke
- Kennenlernen der Künstlergruppe „Blauer Reiter" (siehe Einleitung)
- Begriffe: Zeichen, Linien, Assoziation (Verknüpfung von verschiedenen Vorstellungen, von denen die eine die andere hervorruft)

Unterrichtsmittel

Reproduktion „Indian Story", Bildband mit Werken von Wassily Kandinsky

Was sehen wir?

Viele verschiedene Zeichen säuberlich in vier Zeilen geordnet auf pergamentfarbenem Grund. Kleine und große Kreise, Monde, große und kleine Dreiecke, schmale Rechtecke, Linien, Gitter, Figuren aus Zeichen zusammengesetzt, Schlangenförmiges und vieles andere. An Farben sehen wir Rot, Schwarz, verschiedene Blautöne, ein wenig Ocker.

Was empfinden wir?

Das Bild wirkt wie eine Nachricht, eine verschlüsselte Nachricht in sehr harmonischen Farben. Ob der Maler uns etwas erzählen will? Der Titel: „Indian Story" (Indianer-Geschichte) hilft uns, einige Zeichen zu deuten und einige Assoziationen zu finden.

Technik

Tempera und Tinte auf Papier. Der Name „Tempera" kommt aus dem Lateinischen temperare, zu deutsch: mengen, mischen. Farbpigmente werden mit einem Emulsionsbindemittel gebunden (Mischung einer wässrigen und einer fettigen Komponente). Die Farbe ist wasserlöslich, trocknet rasch (leicht übermalbar), verändert aber beim Trocknen die Tonwertigkeit, was das spätere Nachmischen erschwert. Vor der Einführung der Ölfarben im 15. Jahrhundert wurde hauptsächlich mit Temperafarben gemalt.

Künstler

Wassily Kandinsky, geb. 04.12.1866 in Moskau, gest. 13.12.1944 in Paris. Ein Maler mit ungewöhnlich ausgeprägtem Empfinden für Form und Farbe und scharfer bildnerischer Intelligenz. Er gilt als erster abstrakter Maler. Er studierte zunächst Rechtswissenschaften, ab 1896 in München Malerei. Kandinsky ist Mitbegründer der Künstlervereinigung „Phalanx" (1901). Er malte in dieser Zeit märchenhaft anmutende Bilder mit russischen Elementen, dem Jugendstil verbunden. Eine seiner Großmütter soll eine mongolische Prinzessin gewesen sein. 1909 gründete er zusammen mit Klee, Macke und Kubin die „Neue Künstlervereinigung" in München. In dieser Zeit hatte Kandinsky ein Erlebnis im Atelier: Im Dämmerlicht, noch in Gedanken verloren an die erledigte Arbeit, sah er ein „unbeschreiblich schönes, von einem inneren Glühen durchtränktes Bild". Er erkannte sein eigenes, auf der Seite stehendes Bild, rätselhaft, nichts als Formen und Farben. Da wusste er genau, der Gegenstand schadet seinen Bildern. Er malte nun reine Farbharmonien, „Schwingungen der Seele". 1910 entstand das erste abstrakte Aquarell mit dem Titel „Improvisation". 1911 gründete er mit Marc den „Blauen Reiter" (siehe Einleitung). Seit 1922 lehrte er am Bauhaus in Weimar. Er emigrierte 1933 nach Paris und lebte dort bis zu seinem Tode. Viele eigene Schriften zeugen von seiner Arbeit und von seinem Denken. Beispiele: „Über das Geistige in der Kunst", „Der Blaue Reiter", „Klänge" (Gedichte und Prosa), „Punkt und Linie zu Fläche". Er schuf in der Pariser Zeit 150 Ölgemälde neben vielen Aquarellen und Skizzen. Einige Titel seiner Bilder: „Spannungen in der Höhe", „Ohne Halt", „Schwebend", „Leichter Aufstieg". Seine Formen sind meist schwerelos, geometrische Wesen steigen auf, trotz der Gegenfarbe. Ein geometrischer Farbenzauber. Es gibt absonderliche Figuren, nicht real, sondern aus der Linie entstanden, nirgends zuzuordnen …

Anschlussarbeit

Wir erfinden eine Geheimschrift für eine Flaschenpost, Aufgabe 1b

„Zeichenreihen" oder „Indian Story" von Wassily Kandinsky – 1931
Tempera und Tinte auf Papier 41,7 x 50,3 cm, Querformat
Öffentliche Kunstsammlung, Kunstmuseum Basel

Aufgabe 1b Wir erfinden eine Geheimschrift 3–5 Unterrichtsstunden

Arbeitsbereich

Grafik

Ziele nach Lehrplan

Erfinden und Ordnen von Zeichen, Beurteilen von Zeichen

Lernziele

- Erfinden einer Schrift
- Schreiben eines Textes für eine Flaschenpost
- Beurteilen der Buchstaben und des Schriftbildes
- Anwenden der Pfannenfeder mit Tusche

Thema

Wir erfinden eine Geheimschrift und schreiben eine Flaschenpost

Technik

Pfannenfedern sind einzeln erhältlich. Sie haben an der Spitze eine kleine Pfanne, womit sich gut mit Tusche malen und schreiben lässt. Die Federn werden auf Halter gesteckt. Die aufgesteckte kleine Lasche wird mithilfe der kleinen Pumpen an den Schraubdeckeln der Tuschegläser mit Tusche gefüllt. Nach einiger Übung gibt es nur noch wenig Kleckse.

Unterrichtsmittel

Zeichenpapier, Pfannenfedern mit Halter, schwarze Tusche oder schwarze Tinte, Beispiel chinesischer Buchstaben, Zeitungspapier als Unterlage, Tafelskizze (siehe unten)

Stundenverlauf/ Sozialform

Einführung in die Gestaltungsaufgabe (Klassenverband)

Erinnern an die Bildbetrachtung (Kandinsky: Indian Story, Aufgabe 1a)

- Betrachten der Tafelskizze:
- Raten des Namens
- Finden der Buchstaben

- Finden weiterer Möglichkeiten, Buchstaben durch andere Zeichen zu ersetzen, z. B. durch Drehung eines Zeichens. Natürlich gelten auch kompliziertere Zeichen wie bei den Chinesen (Beispiele zeigen)
- Handhabung der Pfannenfeder erklären

Gestaltungsaufgabe (Einzelarbeit)

- Kurze Übungsphase mit den Pfannenfedern
- Auf weißem Zeichenpapier ein eigenes Alphabet erfinden, gleich mit der Pfannenfeder schreiben
- Name und Anschrift schreiben
- Einen kleineren Text für die Flaschenpost erfinden und mit Tusche in Geheimschrift übertragen

Lernzielkontrolle

Lob. Übersetzen und Vorlesen der kleinen Texte mithilfe des Zeichenalphabets. Beurteilen einzelner Zeichen (einfach, kompliziert, leicht zu merken, gut zu erkennen). Beurteilen und Vergleichen der Schriftbilder (ordentlich und sauber, schief, Abstände der Zeilen, Abstände zum Rand, Breite des Rands, ...), wobei ein schief geratenes Schriftbild reizvoller sein kann als ein gerades. Nachricht in leere Flaschen geben.

Ergänzende Arbeit

Zeichnen des Lageplans eines versteckten Schatzes auf Pergament (oder pergamentähnlichem Papier) mit verkohlten Blatträndern

Fächerübergreifende Arbeit

Geschichte dazu erfinden und im Freien spielen

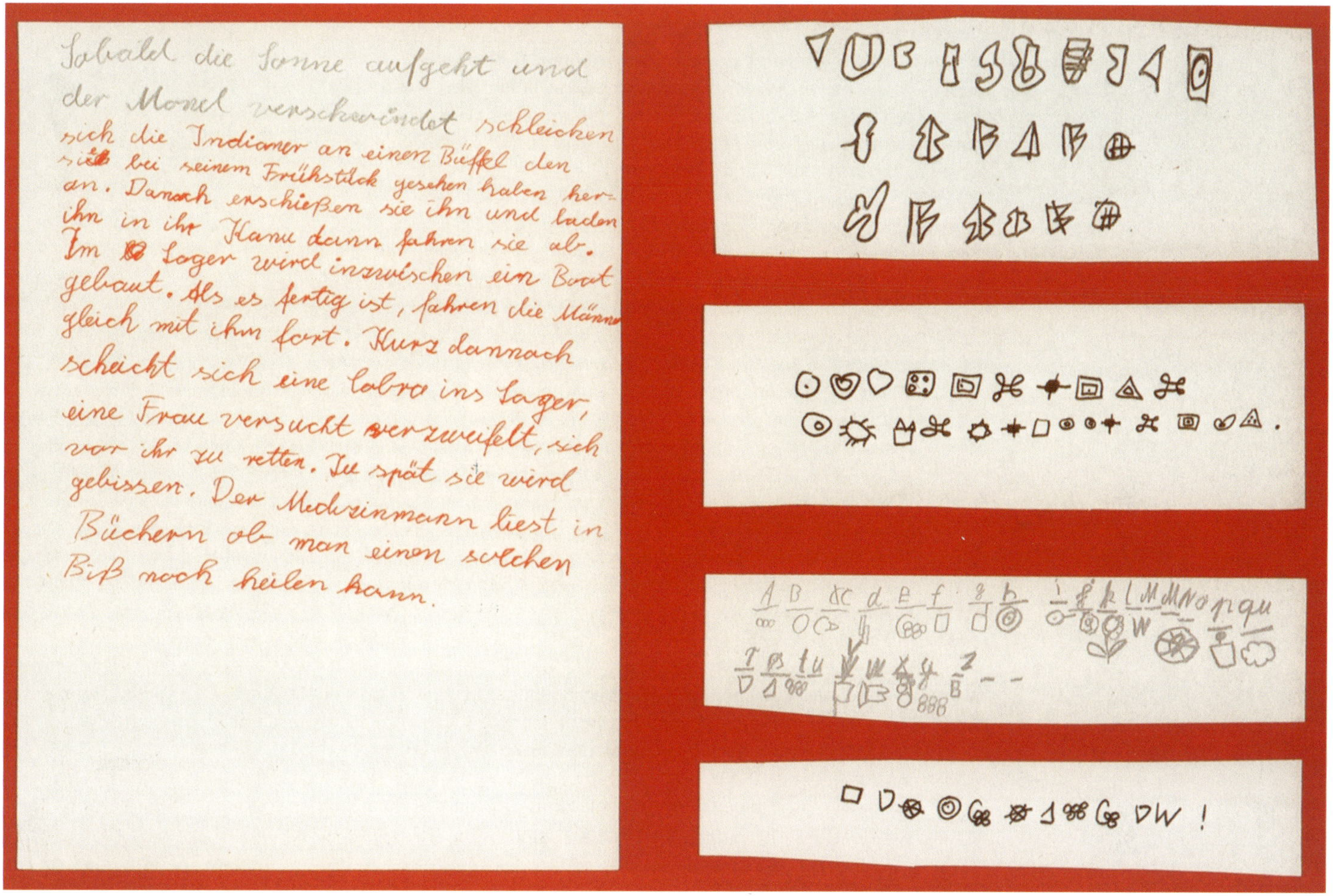

links: Schülertext zur Bildbetrachtung, Aufgabe 1a
rechts: Geheimnisvolle Zeichen
DIN A5
Klassenstufe 3

Aufgabe 2a „Zwei Katzen, blau und gelb“ von Franz Marc

Lernziele

- Stummes Betrachten, freies Äußern
- Beschreiben der Katzen (Form, Tätigkeit: liegen, sich putzen, ...)
- Beschreiben der Formen und Gegenstände im Hintergrund und innerhalb der Tierkörper
- Betrachten und Beschreiben der Farben (Hauptfarben: Gelb, Rot, Blau = Grundfarben)
- Kennenlernen des Malers Franz Marc, einiger seiner Werke, einiger biografischer Daten der Künstlergruppe „Blauer Reiter“ (siehe Einleitung)
- Verstehen, warum Franz Marc nicht die Lokalfarben verwendet hat
- Kennenlernen der Begriffe: Lokalfarbe (Eigenfarbe des Gegenstandes), Grundfarben (Rot, Gelb, Blau), Mischfarben (Orange, Grün, Violett), Kontur

Unterrichtsmittel

Reproduktion „Zwei Katzen, blau und gelb“, Bildband über Franz Marc

Was sehen wir?

Wir sehen zwei Katzen. Die Katze im Vordergrund ist blau. Sie putzt sich, wobei sie sich abwendet. Sie dominiert im Vordergrund. Marc schreibt in einem Brief an Macke: „Blau ist das männliche Prinzip, herb und geistig“. Die andere Katze rechts oben im Hintergrund ist gelb, ruhig, weich, warm, hell, doch sehr aufmerksam: Sie spitzt die Ohren. Marc schreibt dazu in dem Brief an Macke: „Gelb ist das weibliche Prinzip, sanft, heiter, sinnlich. Das Rot verkörpert die schwere, brutale Materie.“ Der Künstler versucht, Eigenschaften und Gefühle mit Farben auszudrücken. Dazu entwickelt Franz Marc eine eigene Theorie. Auf dem Bild hat er nur wenige Dinge in den „Lokalfarben“ gemalt. Welche? Ähnliches versucht er mit den dargestellten Formen: Die runden Formen erzeugen Bewegung, die ovalen ruhen in sich. Im Hintergrund sehen wir ein weißes Haus mit grünem Dach, rote Blätter, leicht überdeckte Dreiecke. Der Vordergrund ist leuchtend rot. Ist vorne rechts eine Maus sichtbar? Ein Mauseloch? Zwischen dem roten Mauseschwanz und der gelben Katze ein grüner Ball? Die meisten Bildteile haben dunkle Konturen.

Was empfinden wir?

Zwei Katzen liegen in der Sonne. Es ist warm. Ist es friedlich? Ist dort ein Mäuschen zu sehen? Setzt die gelbe Katze zum Sprung an? Was denkt wohl die gelbe Katze? Sind wir geschockt von den „falschen“ Farben? Gefallen uns die Bildteile, die mit den „Lokalfarben“ gemalt sind, besser?

Technik

Öl auf Leinwand. Farbpigmente werden mit Leinöl, Walnussöl oder Rohöl angerieben. Sie trocknen sehr langsam, sind malbar auf Pappe, Leinwand, Holz.

Geschichte des Bildes

Mit diesem Bild machte Franz Marc ein Tauschgeschäft. Er erhielt dafür von Alexej von Jawlensky das Bild „Kind mit Puppe“. Beide Maler gehörten damals dem „Blauen Reiter“ an (siehe Einleitung).

Künstler

Franz Marc, geb. 08.02.1880 in München, gefallen 04.03.1916 bei Verdun. Er wurde als Sohn eines Malers geboren, studierte in München und reiste wiederholt nach Paris, ehe er 1911 mit Kandinsky (siehe Aufgabe 1a) den „Blauen Reiter“ (siehe Einleitung) gründete. 1912 wurde er von den Werken Robert Delaunays zur Entwicklung seiner kristallinen Farbkompositionen angeregt. Seine berühmten Tierbilder drücken ein fast religiöses Verhältnis des Künstlers zur Schöpfung aus. Franz Marcs Tiere erscheinen aufgrund eines kunstvoll geschachtelten Farbtongefüges wie schicksalhaft in die Natur verstrickt. Er schrieb: „Der Mensch ist hässlich. Tiere sind dem kreatürlichen Ursprung am nächsten“. Sein Thema war die Natur, die Tierwelt. Franz Marc selbst besaß einen Hund namens „Russi“, ein eisbärähnliches Tier. Er malte ein Bild mit dem Titel „So sieht mein Hund die Welt“. Er wollte das „Einssein von Kreatur und Umwelt“ darstellen. Die Farbe wurde zum symbolischen Ausdruckselement seiner Bilder.

„Zwei Katzen, blau und gelb" von Franz Marc – 1912
Öl auf Leinwand 74 x 98 cm, Querformat
Öffentliche Kunstsammlung, Kunstmuseum Basel

Aufgabe 2b	Zwei Katzen begegnen sich	2–3 Unterrichtsstunden

Arbeitsbereich	Farbe
Ziele nach Lehrplan	Bedeutung und Aussage der Farben erleben, erkennen und anwenden, Beziehungsgefüge
Lernziele	- Zwei Katzen in selbstgewählten „falschen" Farben darstellen - Die Wirkung der „falschen" Farben besprechen und beurteilen
Thema	Zwei Katzen begegnen sich
Technik	Wachskreiden, dicht und leuchtend aufgetragen
Unterrichtsmittel	Wachskreiden (25 Stück) Zeichenpapier DIN A4 Zeitungspapier als Unterlage
Stundenverlauf/ Sozialform	**Einführung in die Gestaltungsaufgabe (Klassenverband)** - Besprechen und sammeln von Begriffen wie: rot vor Zorn, gelb vor Neid, schwarz vor Wut, blass vor Schreck - Erinnern an Bildbetrachtung (Franz Marc: Zwei Katzen, Aufgabe 2a) und daran, wie Franz Marc die Farben angewandt hat - Erinnern an Form und Körperteile der Katze, eventuell anhand von Bildmaterial **Gestaltungsaufgabe (Einzelarbeit)** - Darstellung der „Katzen bei der Begegnung" mit farbigem Hintergrund
Lernzielkontrolle	Lob. Wir sehen überall zwei Katzen. Wer erzählt etwas über sein Bild? Warum sind die Katzen gelb oder grün? Wie wirken die Farben im Hintergrund? Vergleich der Schülerarbeiten. Wo könnten die Katzen sich treffen? Freuen sich die Katzen, dass sie sich getroffen haben? Denkt noch einmal an das Bild von Franz Marc. Wiederholen der Begriffe: Lokalfarbe (Farbe des Gegenstandes), Grundfarben (Rot, Gelb, Blau), Mischfarben (Orange, Grün, Violett).
Weiterführende Arbeit	„Katze in Linolschnitt", Band 2 (Drucktechniken), Aufgabe 4
Fächerübergreifende Arbeit	„Katzentanz" (singen und tanzen) und darstellen der Tiere des Liedes im Schattenriss

Zwei Katzen begegnen sich
DIN A4
Klassenstufe 2

Aufgabe 3a — Christophorus trägt das Jesuskind — 3–5 Unterrichtsstunden

Arbeitsbereich
Grafik

Ziel nach Lehrplan
Gegenseitige Beziehungen grafisch differenzierter Einzelfiguren sichtbar machen

Lernziele
- Erarbeiten der beiden Figuren und ihrer Merkmale (Größenverhältnis, Christophorus und Christuskind), Blüten, Früchte, Wellen
- Erkennen des Symbolgehalts der Blüten am Stock, des Heiligenscheins, der hohen Wellen
- Gestalterische Umsetzung im Polyblock-Druckverfahren, sauberes Drucken

Thema
Christophorus trägt das Jesuskind über den reißenden Fluss

Technik
Polyblock-Druckverfahren
Der Druckstock besteht aus einer Weichpolystyrol-Platte. In die glatte Oberfläche werden Linien, Muster oder kleine Flächen mit Bleistift oder mit leergeschriebener Kugelschreibermine eingedrückt. Der Druckvorgang und die Wirkung entsprechen dem Linoldruck. Die Polyblock-Platten können mit der Schere in kleinere Stücke geschnitten werden. Durch Zerteilen der Platte sind auch mehrfarbige Drucke möglich. Nachteil: Die Platten sind nicht so stabil wie Linol. 10–40 Abdrucke sind möglich. Vorteil: Die Verletzungsgefahr durch Linolschnittwerkzeug ist ausgeschaltet. Einrichtung des Druckplatzes siehe Einleitung zu Band 2 dieser Reihe.

Unterrichtsmittel
Polyblock-Platten (eine Platte ergibt 3 Stücke von 21 x 10 cm), leergeschriebene Kugelschreiberminen (notfalls Bleistifte), Japan Aqua (schwarz), Glasplatten zum Auftragen der Farbe, Walzen, Zeichenpapier (halbiert), Zeitungspapier als Unterlage, große Schere zum Zerteilen der Polyblock-Platten

Stundenverlauf/ Sozialform
Einführung in die Gestaltungsaufgabe (Klassenverband)
- Erzählen der Legende des Christophorus (siehe Einleitung)
- Erarbeiten der wichtigsten Merkmale der Figuren, des Stocks, des Wassers
- Erkennen und erklären des Symbolgehaltes (Heiligenschein, Blüten oder Früchte, Wellen)
- Pantomime wie Christophorus das Jesuskind getragen haben könnte
- Erklären der Drucktechnik

Gestaltungsaufgabe (Einzelarbeit)
- Erstellen des äußeren Rahmens ohne Lineal und ohne Überschneidung an den Ecken. Ein Rand mit Lineal wirkt steif und unnatürlich
- Formatfüllendes Eingravieren mit Kugelschreiberminen, ohne vorzuzeichnen (nicht zu tief, nicht zu flach)

Gestaltungsaufgabe (Gruppenarbeit)
- Einrichten der Druckplätze
- Gemeinsames, sauberes Drucken

Lernzielkontrolle
Lob. Wird das Christuskind überall beschützt und über den Fluss getragen? Ist der Fluss stark und reißend? Könnte man verbessern? Vergleich der Arbeiten. Füllt der Heilige das Format aus? Heiligenschein? Blüten oder Früchte? Wellen? Wiederholung der Bedeutung der Symbole. Sauber gedruckt? Worauf musste man beim Drucken achten?

Anschlussarbeit
Bildbetrachtung: „Christophorus" von Hans Baldung Grien, Aufgabe 3b

Ergänzende und fächerübergreifende Arbeiten
- Weitere Drucktechniken (Band 2)
- Radierungen oder Holzschnitte betrachten
- Religion/Deutsch: Heilige beschreiben und darstellen

Christophorus trägt das Jesuskind
über den reißenden Fluss
21 x 10 cm
Klassenstufe 3

Aufgabe 3b „Christophorus" von Hans Baldung Grien

Lernziele

- Stummes Betrachten, freies Äußern, Wiedererkennen der Legende
- Beschreiben des Heiligen (Mantel, Stock, Bart, Gesichtsausdruck, ...), des Christuskindes (Kleidung, Heiligenschein, Haltung, ...), des Hintergrundes (Einsiedler, Gebirge, Häuser, Himmel, ...), Deuten der Signatur
- Kennenlernen des Künstlers, einiger persönlicher Daten, einiger Werke
- Kennenlernen der Begriffe: Federzeichnung, Schraffur, Kreuzschraffur, Holzschnitt, Legende, Signatur oder Monogramm

Unterrichtsmittel

Reproduktion „Christophorus" von Hans Baldung Grien (Christophorus bedeutet Christusträger), Bildband mit Werken von Hans Baldung Grien

Was sehen wir?

Christophorus, den starken riesigen Mann mit dem entwurzelten Baum als Stock, auf seinen Schultern das Christuskind. Der Heilige ist mit einem weiten, flatternden Mantel bekleidet. Er spricht mit dem Kind, das, ohne sich festzuhalten, mit einem Bein auf seiner Schulter kniet. Der Heiligenschein ist mächtig. Der Fluss ist noch sanft und ruhig. Wir sehen eine weite Landschaft hinter den Figuren. Links unten die Signatur.

Was empfinden wir?

Die Stärke und der Mut des Christophorus sind groß. Warum hält sich das Kind nicht fest? Noch ist das Wasser nieder und sieht ungefährlich aus. Hochachtung vor dem Holzschneider, der solch dünne Stege und Linien geschnitten hat.

Technik

Holzschnitt (aus einer Federzeichnung, direkt auf das Holz übertragen). Der Holzschnitt ist ein Hochdruckverfahren (alle erhabenen Teile bilden sich beim Drucken ab). Die auf ein Holzbrett (den „Stock" aus Birnbaum-, Erlen- oder Kirschbaumholz) vom Künstler übertragene Zeichnung wird vom Formschneider (Xylographen) mit Schneidemessern (Hohl- und Flacheisen, Geißfuß und Stichel) herausgeschnitten. Die gedruckten Blätter wurden manchmal handcoloriert. Der Hochdruck ist das älteste Druckverfahren. In Ägypten druckte man seit dem 3. Jahrtausend vor Christus in Ton, in China seit dem 8. Jahrhundert auf Papier. In Europa gab es um 1430 vor der Erfindung der beweglichen Lettern die sog. Blockbücher. Jede Seite eines Buches wurde als fester Block geschnitten. Weil Holzstöcke ca. 1 000 Abdrucke zulassen, konnten solche Holzdrucke als Bilder eine große Verbreitung finden und in vielen Häusern als Wandschmuck dienen (siehe Aufgabe 1 in Band 5 „Rhinozerus").

Geschichte des Bildes

Als Holzschnitt ist das Bild besonders groß (zu den angegebenen Maßen kommt noch der weiße Rand hinzu). Der Druck diente als Schmuck für das Haus und als Andachtsbild zur persönlichen Meditation.

Künstler

Hans Baldung Grien starb 1545 in Straßburg. Sein Geburtsdatum errechnet man nach einem seiner Holzschnitte auf 1484 oder 1485. Der Zusatz „Grien" zu seinem Namen stammt entweder von seinem grünen Wams oder er wurde von seiner Jugend herrührend „der Grüne" genannt. Er bezog das „G" in seine Signatur ein: HGB Geboren ist er vermutlich in Schwäbisch Gmünd, was man aus der Inschrift seines Hauptwerkes, des Freiburger Hochaltars entnimmt. Dort bezeichnete er sich als „Gamundianus", d. h. aus Gmünd stammend. Er wurde Dürers bester Schüler und blieb dem um 15 Jahre älteren Meister in lebenslanger Freundschaft verbunden. Er erwarb das Bürgerrecht und das Meisterrecht der Zunft in Straßburg und schuf in Freiburg den Hochaltar des Münsters. Er schuf zahlreiche Gemälde, z. B.: „Reiter mit Tod und Mädchen", „Die Sintflut", „Beweinung Christi", „Papageienmadonna", viele Porträts. Er schuf den „Dreikönigsaltar" (Berlin), den „Sebastiansaltar" (Nürnberg) u. a. Er malte Glasbilder und entwarf Holzschnitte (z. B. „Hexensabbat"). Es gibt von ihm allegorische und mythische Bilder. Sie sind sinnenfreudig und zeigen zum Teil eine dämonische Fantasie (Hexenszenen). Seine Holzschnitte gehören zu den bedeutensten Leistungen der deutschen Grafik bis auf den heutigen Tag.

„Christophorus" von Hans Baldung Grien
um 1510
Holzschnitt 38,5 x 26,5 cm, Hochformat
Graphische Sammlung Aschaffenburg

Aufgabe 4a — Bilddiktat: Porträt der Malerin — 2–3 Unterrichtsstunden

Arbeitsbereich	Farbe
Ziele nach Lehrplan	Reine und gemischte Farben kennenlernen und anwenden
Lernziele	- Malen nach vorgegebenen Formen als Bilddiktat nach einem Bild von Gabriele Münter (Aufgabe 4b) - Mischen verschiedener rosa Farbabstufungen - Kennenlernen des Begriffs „Porträt"
Thema	Bilddiktat: Porträt der Malerin
Technik	Deckfarben und Deckweiß, Borstenpinsel, gemischt im Kastendeckel
Unterrichtsmittel	Deckfarben mit Deckweiß (Rezept siehe Einleitung) Borstenpinsel Nr. 10, Zeichenblock DIN A3, Zeitungspapier als Unterlage Hut mit besonders buntem Blumendekor, dazu ein langer rosafarbener Schal Rahmen aus festem Karton oder Bilderrahmen, Größe ca. 60 x 50 cm Tafelskizze (siehe rechts)

Stundenverlauf/ Sozialform	**Motivation** Die Lehrerin erscheint mit Hut und Schal und schaut über die Schulter durch den Rahmen. Begriff „Porträt" erklären (Porträt bedeutet laut Duden zu Deutsch: Bildnis). **Einführung in die Gestaltungsaufgabe (Klassenverband)** - Betrachten und beschreiben des gestellten Porträts (Farben, Hut, Blüten) - Feststellen von Unterschieden der rosa Farbabstufungen - Festlegen der Mischungsverhältnisse: hier mehr Rot, da mehr Weiß oder Blau. („Hautfarbe wird mit Weiß, wenig Ocker, Rot und Blau gemischt") - Finden von Namen für die Farbmischungen: Orangerosa, Süßrosa, Himbeerrosa, Hautfarben ... - Betrachten des Schattenrisses an der Tafel: Kopf, Hut, Körper. Wo ist die Schulter? Wo ist der Schal? Ein Teil des Kopfes ist vom Hut verdeckt - Formulieren des **Bilddiktats**: „Bitte malt ein Porträt mit Hut und Schal. Das Gesicht nach vorn. Man soll den Oberkörper mit dem umgelegten Schal sehen." Die Lehrerin schaut noch einmal durch den Rahmen **Gestaltungsaufgabe (Einzelarbeit)** - Formatfüllendes Erarbeiten des Bilddiktats mit vielen rosa Farbabstufungen unter Verwendung von Deckfarben und viel Deckweiß
Lernzielkontrolle	Lob. Herrliche Hüte! Vergleich der Arbeiten. Vergleich der rosa Farben. Ist das Mischen überall gelungen (zu viel Rot, zu viel Blau)? Schaut das Gesicht des Porträts über die Schulter? Sitzt der Hut richtig auf dem Kopf? Sind die Blumen am Hut schön bunt geraten? Können wir verbessern (Farbtöne, verschmierte Stellen, falsche Linien)?
Anschlussarbeit	Bildbetrachtung: „Bildnis der Malerin Marianne von Werefkin" von Gabriele Münter, Aufgabe 4b
Weiterführende und fächerübergreifende Arbeiten	BK: - Bilddiktat mit geometrischen Formen - weitere Selbstbildnisse - weitere Aufgaben zu dem Problem: Mischen (Orange, Violett, ...) MÄG: - Gestalten eines Fastnachtshutes, Band 2, Aufgabe 12

Bilddiktat
DIN A3
Klassenstufe 2

Aufgabe 4b — „Bildnis der Malerin Marianne von Werefkin" v. Gabriele Münter

Lernziele

- Stummes Betrachten, freies Äußern
- Genaues Beschreiben
- Wie hat die Malerin mit dem Pinsel gearbeitet? (Pinselduktus)
- Kennenlernen der Malerin Gabriele Münter, einiger ihrer Werke und einiger biografischer Daten
- Kennenlernen der Künstlergruppe „Blauer Reiter" (siehe Einleitung)
- Kennenlernen der Begriffe: Pinselduktus, Porträt

Unterrichtsmittel

Reproduktion „Bildnis der Malerin Marianne von Werefkin", Bildband über Gabriele Münter

Was sehen wir?

Ein Frauenporträt, die Freundin der Malerin. Sie schaut uns frontal, ein wenig schräg über die Schulter an. Der Hut ist reich geschmückt. Der lange Schal, der den Körper rechts und links begrenzt, ist mattrosa. Das Bild ist aufgebaut wie eine Pyramide. Marianne von Werefkin schaut gleichzeitig zuwendend und abweisend, was auf die Freundschaft der beiden Frauen und gleichzeitig auf die Konkurrenz als Künstlerinnen hinweist. Wir sehen, dass die Malerin mit breitem Pinsel sehr energisch gearbeitet hat.

Was empfinden wir?

Wie schaut die Künstlerin? Hat sie sich extra schön gemacht? Was möchte sie wohl sagen? Wo steht sie?

Technik

Ölmalerei, mit breitem Pinsel (siehe Aufgabe 2a)

Geschichte des Bildes

Gabriele Münter und Marianne von Werefkin, beides Malerinnen, waren miteinander eng befreundet. Marianne von Werefkin, eine russische Baronin, hatte in München einen eigenen Salon, der als Treffpunkt des „Blauen Reiters" (siehe Einleitung) und als geistiger Mittelpunkt galt.

Künstler

Gabriele Münter, geb. 19.02.1877 in München, gest. 19.05.1962 in Murnau. Sie entstammte einer Kaufmannsfamilie und besuchte eine Düsseldorfer Damen-Kunstschule. Nach zwei Jahren Aufenthalt in den Vereinigten Staaten von Nordamerika kehrte sie nach München zurück, um dort endgültig Kunst zu studieren. Sie war Schülerin von Kandinsky, mit ihm verlobte sie sich 1903. Nach jahrelangen Reisen kaufte sie 1909 ein Haus in Murnau. Sie war Mitglied des „Blauen Reiters" (siehe Einleitung). In Murnau trafen sich Kandinsky, Gabriele Münter, Jawlensky und Marianne von Werefkin, um aus der Kunstmetropole München zu fliehen und um die Möglichkeit zu haben, im Freien zu malen. Gabriele Münter schreibt in dieser Zeit: „Ich habe da nach kurzer Zeit der Qual einen großen Sprung gemacht – von der Natur abmalen – mehr oder weniger impressionistisch zum Fühlen eines Inhalts – zum Abstrahieren, zum Geben eines Extraktes. Es war eine schöne, interessante, freudige Arbeitszeit mit Gesprächen über Kunst ..." Gabriele Münter malte intuitiv. Sie selbst schrieb: „Es ist eigentlich die Sicherheit des Schlafwandlers, mit der ich früher meine Bilder malte. Ich wusste doch nichts davon ... Ich komponiere nicht. Ich sah etwas, was mir gefiel, notierte und malte es." Kandinsky verließ 1916 Deutschland. Gabriele Münter malte nicht mehr. Sie kam erst 1931 nach Murnau zurück, mauerte Kandinskys Bilder im Keller in Murnau ein und schenkte sie 1957 der Münchener Galerie im Lenbachhaus. Sie starb 1962 in Murnau.

„Bildnis der Malerin Marianne von Werefkin" – 1909
Öl auf Leinwand 82 x 55 cm, Hochformat
Städt. Galerie im Lenbachhaus, München

mit frdl. Genehmigung der Gabriele Münter- und Joh. Eichner-Stiftung, München

Aufgabe 5a — „Die Neudinger Madonna“, unbekannter schwäbischer Meister

Lernziele

- Stummes Betrachten, freies Äußern
- Beschreiben der Madonna (Mantel, Krone, Haare, ...)
- Beschreiben des Jesuskindes (Haltung, Locken, Weltkugel, die segnende Hand, ...)
- Kennenlernen der Begriffe: Madonna, Segen, Holzschnitzerei

Unterrichtsmittel

Postkarten (Klassensatz) der „Neudinger Madonna“, besser Gang in die Fürstenberg Sammlungen, Donaueschingen

Was sehen wir?

Die Gottesmutter im weiten, vielfarbigen, goldenen, blau gefütterten Gewand. Sie trägt das nackte Christuskind auf ihrem linken Arm. In der rechten Hand hält sie eine Frucht (eine Birne?). Sie ist gekrönt als Himmelskönigin und steht auf einer Mondsichel, was sie als apokalyptisches (geheimnisvolles) Weib ausweist, andererseits als Überwinderin der Nacht durch die Geburt des Jesuskindes. Das Christuskind hat die rechte Hand segnend erhoben. In der linken Hand hält es die Weltkugel.

Was empfinden wir?

Die Gottesmutter schaut stolz und sicher und ist uns freundlich zugewandt. Das Christuskind schaut abwartend. Will es uns etwas sagen? Wen segnet es? Kostbar, das viele Gold!

Technik

Madonna, geschnitzt aus Holz und bemalt. Ihr Zustand ist noch original.

Geschichte des Bildes

Madonnendarstellungen gibt es schon in der frühchristlichen Kunst im 2. Jahrhundert und in der byzantinischen Kunst seit dem 6. Jahrhundert. Im byzantinischen Bereich wurden bestimmte Darstellungstypen entwickelt, die dann auch für die westliche Kunst zum Vorbild wurden. In der plastischen Kunst war bis zur Gotik die frontale, strenge Darstellung der thronenden Maria (Nikopoia) vorherrschend. In der Gotik kam dann die stehende Madonna mit dem Kind auf dem linken Arm (Hodegetria) – wie bei der „Neudinger Madonna“ – als Darstellungsform auf. Später wurde die Mutter-Kind-Beziehung inniger, das Kind verspielter. Ein Höhepunkt waren die sog. „Schönen Madonnen“ zwischen 1380 und 1420. Die „Neudinger Madonna“ stand in der Mitte des Neudinger Altars in Neudingen in der Nähe von Donaueschingen. Im 17. Jahrhundert wurde der Neudinger Altar aufgelöst, um barocker Ausstattung zu weichen. Die Madonna befand sich zuletzt in der Gruftkirche der Fürsten zu Fürstenberg in Neudingen. Sie war rechts und links von je zwei Heiligen umgeben (Johannes der Täufer, der Evangelist Johannes, der Heilige Stephanus und der Heilige Andreas). Die Originale in der Gruftkirche wurden der Feuchtigkeit wegen durch Kopien ersetzt. Die Erhaltung dieser Madonnenfigur ist sicherlich einer glücklichen Fügung zu verdanken, da viele Figuren aus dieser Zeit verloren sind.

Künstler

Der Name des Künstlers ist nicht mehr bekannt, wohl deshalb, weil die Künstler von Stadt zu Stadt zogen, je nach Arbeitsmöglichkeiten. Der Schöpfer der „Neudinger Madonna“ stammte aus dem Umkreis des Bildschnitzers Gregor Erhart (geb. in Ulm zwischen 1465 und 1470, gestorben 1540 in Augsburg). Erhart führte in Augsburg eine Werkstatt für das Kloster St. Ulrich und Afra. Sein Stil war von großer Ausdruckskraft und zeigte bereits Formen der Renaissance.

Anschlussarbeit

„Mutti hat mich lieb“, Aufgabe 5b

„Die Neudinger Madonna" – unbekannter schwäbischer Meister
um Gregor Erhart, gestiftet um 1514
Holz, bemalt (Originalfassung) 135 x 45 cm
Die Fürstenberger-Sammlung, Donaueschingen

Aufgabe 5b — Mutti hat mich lieb — A: 1, B: 3 Unterrichtsstunden

Arbeitsbereich	A: Farbe, B: Körper
Ziel nach Lehrplan	Gegenseitige Beziehungen sichtbar machen
Lernziele	Mutter und Kind so darstellen, dass man sieht, dass die Mutter ihr Kind lieb hat A: mit Wachskreiden malen B: mit Knetmasse formen
Thema	Mutti hat mich lieb
Technik	A: Wachskreiden, satt und leuchtend aufgetragen B: Knetmasse, beim Zusammenfügen einzelner Teile gut verbinden und glatt streichen
Unterrichtsmittel	Viele Mariendarstellungen auf Postkarten A: Wachskreiden (25 Stück) Zeichenblock DIN A4 Zeitungspapier als Unterlage B: Knetmasse, zwei bis drei Farben je Schüler Modellierstäbe Plastiktüten als Unterlage
Stundenverlauf/ Sozialform	**Einführung in die Gestaltungsaufgabe (Klassenverband)** - Erinnern an die Bildbetrachtung (Neudinger Madonna, Aufgabe 5a) - Um einen Tisch im Kreis stehend viele Mariendarstellungen betrachten, durch Vergleiche feststellen und erkennen, woran man sieht, dass Maria ihren Sohn liebt - Pantomimische Darstellung „Mutter hat ihr Kind lieb" - Beobachten, wo die Arme sind, wo die Hände, wie dicht die Körper beieinander sind **Gestaltungsaufgabe (Einzelarbeit)** A: Formatfüllende Darstellung mit Wachskreide B: Plastische Gestaltung der Figuren, zuerst die Mutter, dann das Kind
Lernzielkontrolle	Lob. Die Mutter hat ihr Kind fest im Arm. Wir betrachten die Arme. Wie kann man verbessern?
Weiterführende und fächerübergreifende Arbeiten	- Bildbetrachtung: „Das Mädchen mit der Taube" von Picasso (Bildbetrachtung I), Aufgabe 2 und die dazugehörende Anschlussarbeit: „Mein Lieblingstier und ich" - MÄG: Spiel-Lied „Da steht der Gänsedieb" und über das Liebhaben sprechen

Mutti hat mich lieb
links: Wachskreide DIN A4; rechts: Knetmasse
Klassenstufe 1

Aufgabe 6a — „Zebegen" von Victor Vasarely

Lernziele

- Stilles Betrachten, freies Äußern
- Erkennen, dass es Bilder gibt, die nur aus Quadraten und Kreisen bestehen
- Kennenlernen des Künstlers, einiger Werke und einiger biografischer Daten

Unterrichtsmittel

Reproduktion „Zebegen", Bildband mit Werken von Victor Vasarely

Was sehen wir?

Einen gleichmäßig über das ganze Bild mit farbigen Quadraten aufgerasterten Grund. Jedes dieser kleinen Quadrate ist in der Mitte mit einem Kreis oder einem Quadrat in der Farbe Blau belegt. Plötzlich sehen wir ein quadratisch wirkendes Rechteck (12 kleine quadratische Einheiten in der Höhe, 11 in der Breite), das dadurch entsteht, dass der Künstler das Motiv „gekippt" hat, d. h. in der oberen Hälfte bedecken Kreise den Hintergrund und Quadrate das in der Mitte befindliche Geviert. In der unteren Hälfte sind die Einheiten im Hintergrund mit Quadraten belegt, das Geviert mit Kreisen. Schauen wir länger hin, sehen wir in der oberen Hälfte zwei Reihen ineinander geschachtelter Pfeile, deren Spitzen diagonal nach rechts und nach links unten zeigen. Man könnte an eine Art Stickmuster für Folkloreblusen denken. Solche und ähnliche Effekte hat der Künstler bezweckt: das Auge zu irritieren und den Betrachter zu immer anderen Entdeckungen zu führen.

Was empfinden wir?

Eine große Buntheit. Es ist ein „lautes" Bild, nicht abgetönt. Ist es harmonisch? Das Auge irrt umher und sucht Klarheit. Sehr geduldig gemalt.

Technik

Öl (siehe Aufgabe 2a)

Geschichte des Bildes

Das Bild entstand 1964. Es gehört in die Zeit der „planetarischen Folklore" und erinnert an die Buntheit der Mode von Vasarelys Heimat (Ungarn) und an die „planetarischen" Himmels-Ereignisse in dieser Zeit. Vasarely hat viele ähnliche Arbeiten geschaffen oder durch seine Assistenten im „Setzkastenverfahren" herstellen lassen. Die Farben hatte er in 12–15 Farbnuancen vorgestanzt und in den bekannten Formen vorrätig. Alle Farben und Formen waren durchnummeriert, sodass Vasarely nur die Zahlen notieren musste. Auf den „Pinselduktus" kam es nun nicht mehr an. Es gibt unzählige Varianten solcher Bilder. Viele dieser Kompositionen beulen sich plötzlich auf oder gehen in die Tiefe. Das Bild „Zebegen" wurde in einer Grafik-Mappe aufgelegt mit einer Auflage von 125 Stück und gewann 1965 den großen Preis der 6. Internationalen Ausstellung für Grafik in Jugoslawien.

Künstler

Victor Vasarely, geb. 09.04.1908 in Fünfkirchen (Ungarn), gest. 15.03.1997 in Paris. Der ausgebildete Werbegrafiker studierte an der Akademie in Budapest. 1930 ging er nach Paris. Dort machte er Experimente mit Strukturen und Schwarz-Weiß-Effekten. Er schreibt: „Liniennetze und die Idee der Wellenbewegung kreuzen sich und bilden Gitter und suggerieren dabei Übergänge durch Variation kleinster Formen … Zwei Netzüberlagerungen, die räumlich voneinander getrennt sind, rufen Bewegungseffekte hervor, die vor allem deshalb faszinieren, weil das Kinetikphänomen durch die Bewegung der Augen hervorgerufen wird." Durch bewusstes Einsetzen der Farbgesetze und durch regelmäßige Bildstrukturen werden „Flimmereffekte" und die Illusion bewegter Farbräume geschaffen. Die Wirkung seiner Bilder beruht auf der Täuschung des Auges des Betrachters. Er wird als Vater der Op Art (Optical Art) bezeichnet. 1955 erarbeitete er die Grundlagen des plastischen Alphabets, ab 1949 beschäftigte er sich mit Gemälden und ab 1966 mit Collagen. Es gibt großformatige Gobelins, die er in Aubusson anfertigen lässt und die sog. architektonischen Integrationen, die über die ganze Welt verteilt sind. Die Namen seiner Bilder kommen oft aus seiner ungarischen Muttersprache. Alle Werke sind in kleinen Original-Entwürfen dokumentiert. 1970 wurde in Gordes das Didaktische Museum Vasarelys offiziell eingeweiht. 1971 wurde die Vasarely-Stiftung in Aix-en-Provence als gemeinnützige Körperschaft anerkannt.

„Zebegen" von Victor Vasarely – 1964 – Öl auf Platte 84 x 80 cm, Hochformat

Aufgabe 6b — Wir erfinden ein buntes Muster — 3–5 Unterrichtsstunden

Arbeitsbereich

Farbe

Ziel nach Lehrplan

Farbige Formen ordnen

Lernziele

- Mithilfe von runden Pappscheiben (Käseschachteln oder Bierdeckeln) ein regelmäßiges Raster über das ganze Blatt entwerfen
- Mit zwei bis vier Farben ein regelmäßiges Farbmuster erfinden, gleiche Farbflächen sollen sich höchstens in einem Punkt berühren

Thema

Wir erfinden ein buntes Muster

Technik

A: Bleistift (Vorzeichnen): Hier muss der Bleistift gut gespitzt sein und beim Zeichnen senkrecht gehalten werden

B: Wachskreiden (Ausfüllen der einzelnen Flächen). Die Farbe soll satt, dicht und leuchtend aufgetragen werden. Man kann die Kreide quer nehmen zum Gestalten von Flächen

Unterrichtsmittel

Runde Scheiben zum Vorzeichnen (Käseschachteln oder Bierdeckel)
Bleistifte (Härte HB)
Wachskreiden (25 Stück)
Zeichenblock DIN A3

Stundenverlauf/ Sozialform

Einführung in die Gestaltungsaufgabe (Klassenverband)

- Erinnern an die Bildbetrachtung („Zebegen" von Vasarely, Aufgabe 6a)
- Erinnern, dass der Künstler nur mit Quadraten und Kreisen gearbeitet hat
- Versuchen, mit einem Papierteller an der Tafel Muster herzustellen, verschiedene Möglichkeiten finden (Kreise berühren sich, Kreise überschneiden sich mehr oder weniger), verschieben der folgenden Reihen
- Feststellen, wie viele Farben man benötigt, ohne dass gleiche Farbflächen sich berühren

Gestaltungsaufgabe (Einzelarbeit)

- Vorzeichnen eines regelmäßigen Rasters
- Erfinden und sorgfältiges Ausmalen eines regelmäßigen Musters mit zwei, drei oder vier Farben

Zwischenbesprechung

Beim Entwerfen des Farbmusters in der Mitte des Blattes anfangen, dann sieht man, wenn außen noch Bleistiftlinien fehlen. Ein entstandener Fehler kann mit Schwarz übermalt werden. Oder man schneidet den richtigen Teil aus und klebt diesen auf ein neues Blatt und vervollständigt dieses.

Lernzielkontrolle

Lob für die Geduld. Vergleich der Muster. Verbalisieren der Konstruktionsregel und der Farbregel. Welche Farbzusammenstellungen wurden verwendet? Wirkung? Ist das Muster beim Vorzeichnen etwas schief geraten? Ist das schlimm? Hat ein Schüler nur zwei Farben verwendet? Welche Formen sind zwischen den Kreisen entstanden? Welche Schwierigkeiten gab es an den Rändern?

Weiterführende Arbeiten

- Weitere Techniken mit Wachskreiden (Band 6)
- Bildbetrachtung von Borten und Friesen
- Muster mit Kartoffelstempeldruck erfinden und T-Shirts bedrucken (Band 2, Aufgabe 9)

Ein buntes Muster aus nur einer Kreisform
DIN A3
Klassenstufe 3

Aufgabe 7a „Il Miracolo“ (Bronce) von Marino Marini

Lernziele

- Stummes Betrachten, freies Äußern
- Beim Museumsbesuch Umschreiten der Plastik, Betrachten der Oberfläche
- Erkennen, dass der Künstler das Erschrecken darstellen wollte
- Kennenlernen des Künstlers, einiger Werke und einiger Daten

Unterrichtsmittel

Reproduktion „Miracolo“ – besser Besuch im Museum, Bildband über Marino Marini

Was sehen wir?

Eine spannungsvolle Darstellung von einem sich aufbäumenden Pferd. In straffer Form reckt sich das Pferd senkrecht nach oben, auf den Hinterbeinen sitzend. Der nackte Reiter kippt nach hinten, die Arme hilfesuchend nach oben gestreckt. Der Pferdekörper und der Reiter bilden einen Winkel von mehr als 90 Grad. Der Pferdekörper windet sich, dreht sich. Der Reiter streckt die Beine starr vor Schreck seitlich ab. Der Pferdehals und der Pferdekörper sind sehr lang im Verhältnis zu den Pferdebeinen und zu dem kleinen hilflosen Menschen. Bestürzung – Katastrophe. Die Oberfläche ist unterschiedlich rau. Die Spuren der Bearbeitung der Gipsform sind sichtbar, auch die Gussnähte kann man teilweise sehen.

Was empfinden wir?

Wenn wir vor diesem „hohen“ Werk stehen ein großes Gefühl für Marinis Kunst. Schreck und Besorgnis. Wollen wir den Reiter auffangen? Oder ist es eine Figur vom Zirkus? Wie schaut das Pferd? Was denkt und fühlt der Reiter?

Technik

Bronzeguss. Bronze ist eine Legierung aus Kupfer und Zinn und geringen Anteilen an anderen Metallen. Bronze wurde schon in der Antike als Material für Kunstwerke verwendet. Sie ist neben Holz und Stein der wichtigste Werkstoff für plastische Kunstwerke. Der Reiter von Marini ist im Gussverfahren entstanden. Dazu werden von einem Gipsmodell die Gussformen abgenommen und in der Regel vor dem Gießen noch einmal überarbeitet.

Geschichte des Bildes

Es gibt noch eine kleinere ähnliche Bronzearbeit in der Größe 51 x 23 x 30 cm mit dem Titel „Piccolo Miracolo“, die auch 1953 entstanden ist, davon gibt es acht Exemplare. Unsere Bronze gibt es dreimal (Kunsthalle Mannheim, Rotterdam-Zuid, Museum of Modern Art in New York).

Künstler

Marino Marini, geb. 27.02.1901 in Pistoja, gest. 06.08.1980 in Viareggio. Er studierte mit seiner Zwillingsschwester Malerei und Plastik in Florenz, arbeitete bis 1928 als Grafiker und Maler, 1929 bis 1940 als Lehrer an der Akademie in Monza, seit 1940 in Mailand. Seine bekanntesten Werke sind Pferde und Reiterfiguren. Da sein Atelier neben einem Reitstall lag, hatte er die Modelle gewissermaßen vor der Haustür. Er fasste das Pferd als tragende Kraft voller Spannung auf, den Reiter als Last. Später verschmolzen Ross und Reiter. Marini begann zu abstrahieren und beschränkte sich mehr und mehr auf das Wesentliche. Er selbst sagte: „Ich suche in meinen Reiterstandbildern nicht mehr den Triumpf eines glorreichen Helden zu verherrlichen. Ich will im Gegenteil dem Tragischen ein Denkmal setzen.“ Einige seiner Reiterwerke wirken apokalyptisch, bedingt durch Kriegserlebnisse. Marini: „Meine Reiterstatuen sind Symbole der Besorgnis, die mich bei der Betrachtung meines Zeitalters ergreift. Meine Pferde werden nach und nach immer unruhiger und der Reiter immer unfähiger, sie zu meistern.“ Er schuf auch viele plastische weibliche und männliche Figuren, die weiblichen mit schweren, üppigen Körperformen. Vorbild war ihm bei vielen Modellen „Pomona“, die Früchtegöttin. Er malte Gaukler, Jongleure, Sportler und Artisten. Seine Porträts sind einmalig. Er schreibt zu seinen Porträts wie folgt: „Ich dringe allmählich in den Geist der Person ein … Die gefundene Wahrheit muss in mir bis zur Vollendung des Porträts lebendig bleiben …“ Manche Plastiken behandelte er mit Farbe und steigerte so die plastische Wirkung. Er schuf ein Werk von besonderer Ausdruckskraft.

„Il Miracolo" von Marino Marini – 1953 –
Bronze 255 x 80 x 80 cm
Städtische Kunsthalle Mannheim

mit frdl. Genehmigung von Marina Marini, Mailand

Aufgabe 7b	Ich falle vom Pferd	3–4 Unterrichtsstunden

Arbeitsbereich	Farbe
Ziel nach Lehrplan	Gegenseitige Beziehungen sichtbar machen
Lernziele	- Mit Deckfarben darstellen, wie der Reiter vom Pferd fällt (Angst) - Beschreiben der Körperteile des Pferdes, Verhältnis der Länge der Beine zum Körper, der Pferdekopf geht in den Hals, der Hals in den Körper über. Unterschiede der Vorder- und Hinterbeine.
Thema	Ich falle vom Pferd
Technik	Deckendes Malen mit Deckfarben (Mischen im Kastendeckel)
Unterrichtsmittel	Deckfarben und Deckweiß (Rezept siehe Einleitung) Borstenpinsel Nr. 10 Zeichenblock DIN A3 Zeitungspapier als Unterlage Verschiedene Bilder von stehenden, laufenden, rennenden Pferden (Beispiele findet man oft auf dem Deckblatt des Zeichenblocks), eventuell ein Bild eines Pferdeskeletts zum Erklären der Unterschiede bei den Beinen
Stundenverlauf/ Sozialform	**Einführung in die Gestaltungsaufgabe (Klassenverband)** - Erinnern an die Bildbetrachtung („Miracolo" von Marini, Aufgabe 7a) - Genaues Betrachten der Pferdebilder - Beschreiben der Körperteile und ihrer Formen - Beschreiben und pantomimisches Darstellen, wie ein Reiter vom Pferd stürzt (Mehrere Möglichkeiten: nach hinten, nach vorn, Hände nach Halt suchend, Hut fällt vom Kopf, Mund aufgerissen, entsetzte Augen, ...) **Gestaltungsaufgabe (Einzelarbeit)** - Formatfüllendes Darstellen des vom Pferd stürzenden Reiters mit Anlegen des Hintergrundes. Erinnern, dass wir mit Deckfarben ohne Weiteres übermalen können (zum Beispiel zu lang geratene Beine, einen unförmigen Pferdebauch oder einen steif dasitzenden Reiter)
Lernzielkontrolle	Lob. Auf einigen Bildern sitzt der Reiter noch fest im Sattel. Wie kann man es ändern? Gibt es zu lange Beine bei Pferd oder Reiter? Vergleich der Pferde und der Reiter. Wo ist das schnellste Pferd? Überall „deckend" gemalt? Welcher Reiter ist sehr erschreckt?
Weiterführende und fächerübergreifende Arbeiten	MÄG: Ein bewegliches Pferd als Marionette D: Eine Geschichte dazu erfinden und spielen BK: Darstellung des Heiligen Georg

Ich falle vom Pferd
DIN A3
Klassenstufe 3

Aufgabe 8a Kampfszene aus „Der Seefahrer" von Paul Klee

Lernziele

- Stummes Betrachten – Erkennen, dass ein Kampf stattfindet
- Beschreiben der Fische (Form, Muster, Farben, ...), des Seefahrers (Kleidung, Kopfbedeckung, Haltung, Waffe, Farben, ...)
- Betrachten und Beschreiben des Hintergrundes (Farben, Formen, Raster, Wasser? Ufer? ...)
- Kennenlernen der Wirkung von Farben (real, märchenhaft, wie im Theater, stumpf, leuchtend, kalt, warm, hell oder dunkel?)
- Kennenlernen des Malers Paul Klee, einiger seiner Werke und einiger biografischer Daten, der Künstlergruppe „Blauer Reiter" (siehe Einleitung)
- Kennenlernen der Begriffe: Oper, Szene, Bühnenbild

Unterrichtsmittel

Reproduktion „Kampfszene", Bildband mit Werken von Paul Klee

Was sehen wir?

Ein ganz und gar mit schräg liegendem Raster versehenes Bild. In der leuchtend hellen Bildmitte kämpft ein Mensch in einem Boot gegen drei Seeungeheuer. Es wirkt wie ein transparentes Glasbild mit kleinen einzelnen Flächen. Die Fische sind in herrlichen Blasslila-Rosatönen gemalt, der Held und das Boot in ähnlichen Farben, zusätzlich Ocker. In roten Strümpfen und mit aufgeputztem Helm stemmt sich der kleine Mensch mit der roten Lanze gegen den Feind. Der Hintergrund ist horizontal mit einer geschwungenen S-Kurve geteilt, wobei die obere Hälfte braun ist, matt und müde wirkt. Die untere Hälfte leuchtet hell, blassblau und kühl, an Wasser erinnernd. Die Bildmitte erscheint am hellsten, dort wo die Lanze das Ungeheuer trifft und die großen roten Blutstropfen auf fast weißem Grund stehen.

Was empfinden wir?

Ein großartiger Kampf? Mitleid mit den Fischen? Wer gewinnt? Warum findet der Kampf statt? Echtes Blut? Theaterblut? Geschichten erfinden.

Technik

Aquarellfarbe auf Aquarellpapier (von aqua, lateinisch: Wasser). Wasserfarben bestehen aus feinsten lichtechten Farbpigmenten, verbunden mit Leim (Gummiarabikum). Man kann auf trockenem oder nassem Grund malen, auch lasierend übereinander. Teilweise bleibt das weiße Papier ausgespart. Wegen des raschen Trocknens sind kaum Korrekturen möglich. Man arbeitet von Hell nach Dunkel.

Geschichte des Bildes

Zu unserem Bild gibt es eine Zeichnung. Dort sind die Beine des Seefahrers noch kürzer und die dreieckigen Füße stehen auf der oberen Kante des Bootes. Auch die Lanze war ursprünglich kürzer. Paul Klee hat die Zeichnung mittels Monotypie (Durchdrückverfahren) auf das Malpapier übertragen. Die feinen Striche sind in dunkelbrauner Ölfarbe. Das Bild wurde von Frau Dürst-Hass 1942 von Klees Witwe erstanden. Viele Reisen zu internationalen Ausstellungen hat das Bild bekannt gemacht. Auf einer dieser Ausstellungsreisen war plötzlich der Zusatz – von Klee nicht geplant – „Sindbad, der Seefahrer" dazugekommen. Testamentarisch ist das Bild dem Basler Kunstmuseum vermacht. „Der Seefahrer" ist vermutlich eine Oper von Vincenz Maschek (1755–1831).

Künstler

Paul Klee, geb. 18.12.1879 bei Bern, gest. 29.06.1940 in Muralto/Locarno. Er studierte in München bei Franz von Stuck und gehörte zum „Blauen Reiter" (siehe Einleitung). Er unternahm 1914 zusammen mit Moilliet und Macke die berühmte Tunesienreise, bei der die herrlichen Aquarelle entstanden. Klee lehrte in Weimar und beschäftigte sich intensiv mit Theorien der Malerei. Er war 1924 Mitbegründer der „Blauen Vier": Klee, Kandinsky, Feininger und Jawlensky. Ab 1930 Professur an der Düsseldorfer Kunstakademie, 1933 Emigration nach Bern, 1935 Beginn seiner Krankheit (Sklerodermie, durch Masern ausgelöst). Klee starb 1940 in Muralto/Locarno.

Kampfszene aus der komisch-fantastischen Oper „Der Seefahrer" von Paul Klee – 1923
Großes Aquarell und Ölfarbzeichnung 37,5 x 51 cm, Querformat
Privatbesitz Schweiz

Arbeitsbereich
Farbe

Ziele nach Lehrplan
Reine und gemischte Farben kennenlernen und anwenden

Lernziele
- Farben in Rosa-Lila-Tönen mischen (aus Rot, Blau und Deckweiß)
- Zeitungspapier damit färben. Nach dem Trocknen in Streifen schneiden und in einen Gesamtfundus geben, aus dem jeder Schüler sich bedient
- Kreatives Gestalten eines gefährlichen Fisches aus schmalen Streifen des selbstgefärbten Papiers zur Verwendung als Kulisse für ein Puppenspiel (Gemeinschaftsarbeit)

Thema
Die gefährlichen Fische (als Kulisse für ein Spiel)

Technik
- Färben von Zeitungspapier mit Deckfarben (beschränkt auf Blau, Rot, Weiß). Zeitungspapier ist saugfähig und nimmt die Deckfarbe leicht an. Die darunter sichtbare Schrift gibt der Collage später eigene Reize
- Collage aus schmalen Streifen herstellen, wobei die Richtung beim Kleben variabel ist, teilweises Überkleben ist möglich

Unterrichtsmittel
Zum Färben: Deckfarben, Borstenpinsel Nr. 10, Deckweiß (Rezept siehe Einleitung), Zeitungspapier
Zum Schneiden: Schlagschere zum Schneiden der Zeitungspapierstreifen (1–2 cm breit)
Für die Collage: Zeichenblock DIN A3, Bleistift (Härte HB) zum Vorzeichnen, Tapetenkleister zum Kleben (portionsweise in Deckeln von Schraubgläsern), Schere, Zeitungspapier als Unterlage
Für die Kulisse: Großes Papierformat zum Aufkleben der Fische, evtl. Rückseite einer großen alten, einfarbig, z. B. blau, zu bemalenden Landkarte

Stundenverlauf/ Sozialform
Einführung in die Gestaltungsaufgabe (Klassenverband)
- Erinnern an die Bildbetrachtung („Kampfszene" von Klee, Aufgabe 8a)
- Erinnern, dass die Fische aus einzelnen, schmalen Farbflächen in Rot-, Blau-, Rosa-Tönen gemalt waren
- Bekanntgabe der Aufgabe: Gestalten eines gefährlichen Fisches aus selbstgefärbtem, in Streifen geschnittenem Papier

Gestaltungsaufgabe (Einzelarbeit)
1. Teil:
- Einfärben des Zeitungspapiers mit Deckfarben unter Verwendung der Farbtöne Rot, Blau und viel Deckweiß. Jeder Schüler mischt pro Zeitungsseite zwei bis vier Farbflächen
- Nach dem Trocknen Schneiden der Zeitungen in schmale Streifen mit der Schlagschere

2. Teil:
- Vorzeichnen der Fische mit Bleistift
- Collage mit den gefärbten Papierstreifen herstellen, wobei die Schüler die Streifen aus dem Gesamtfundus entnehmen

Lernzielkontrolle
Lob, auch für die Geduld. Gefährliche Fische? Woran zu erkennen? Kleberichtung? Farbanordnungen? Sauber geklebt? Vergleich der Arbeiten.

Weiterführende Arbeiten
- Spiel zu dieser Kulisse erfinden
- BK: „Fisch in Sgrafittotechnik", Band 6 (Techniken mit Wachskreiden)